Écrire, pourquoi pas?

La recette pour écrire un histoire

Karleen Bradford

adapté en français par
Cécile Gagnon

Scholastic Canada Ltd.

Données de catalogage avant publication (Canada)

Bradford, Karleen
  Écrire, pourquoi, pas?

Traduction de: Write now!: how to turn your ideas
into great stories.
ISBN 0-590-24932-9

1. Roman - Art d'écrire - Ouvrages pour la jeunesse.
2. Nouvelle - Ouvrages pour la jeunesse. I. Titre.

PC2420.B73 1996   j808.3'1   C96-931450-7

Idées de la page couverture tirées de *The Lettering Book Companion* de
Noelene Morris, publié par Ashton Scholastic Ltd. Copyright © 1987.
Tous droits réservés.

Conception graphique : Andréa Casault

Édition publiée par Les éditions Scholastic, 123, Newkirk Road, Richmond
Hill (Ontario) L4C 3G5.

5 4 3 2 1   Imprimé au Canada   6 7 8 9/9

Crois-le ou non, ce n'est pas si épouvantable que ça

Nous avons un travail d'écriture à remettre lundi prochain : une histoire courte. Écrire une histoire pour lundi prochain? C'est sûrement une blague!

Malheureusement ton professeur ne blague pas du tout. Alors, comment vas-tu te tirer de ce mauvais pas? Crois-le ou non, ce n'est pas si catastrophique que ça!

✳ ✳ ✳

(Même si tu as l'habitude de travailler sur un clavier d'ordinateur, il est plus facile de rassembler ses idées en les écrivant sur une feuille de papier.)

La première chose dont tu as besoin, bien sûr, c'est un sujet.

Fouille tes méninges. Sont-elles aussi désertes que cette feuille de papier blanc qui s'étale devant toi? Détends-toi, ferme les yeux et évite de regarder la feuille. Réfléchis. Que s'est-il passé dans ta vie ces derniers jours? Je peux déjà entendre ta réponse : RIEN!

Mais, c'est faux. Tu es vivant, non? Alors, il se passe des choses. Il faut s'entraîner à voir ces choses et à les utiliser.

J'essaie de considérer un auteur comme une grosse éponge ambulante. Une éponge qui capte et absorbe tout ce qui se passe autour d'elle. Certaines personnes passent leur vie entière en ne voyant que ce qu'il y a sous leur nez ou devant eux. Les écrivains regardent tout autour. Ils observent les gens. Ils se posent des questions sur eux. Ils écoutent aux portes. (C'est très mal élevé, mais on le leur permet. Attention de ne pas te faire prendre!) Les écrivains repèrent l'odeur et l'allure de la moindre chose. Ils sont curieux et, admettons-le, il se passe toujours des choses. Toutes les minutes. Elles ne doivent pas être obligatoirement époustouflantes ou dramatiques, car bien souvent les histoires démarrent à partir d'événements insignifiants.

Le chien a-t-il grignoté le nouveau sac à main en cuir italien de ta mère? As-tu été obligé de garder un enfant impossible? T'es-tu chamaillé avec ta meilleure amie? Ton professeur a-t-il demandé de produire une histoire comme travail de la semaine?

Ça ne débloque pas? Pourquoi ne pas faire un «remue-méninges»? Prends un crayon ou un stylo et commence à noter tout ce qui te passe par la tête sur cette feuille blanche qui te fait peur. Mais ne te préoccupe pas d'avoir de la suite dans les idées. À cette étape-ci, cela n'a aucune importance.

Par exemple :
- ✗ J'ai mordillé mon crayon avec tant d'ardeur qu'on croirait que c'est l'œuvre d'une souris.
- ✗ Je viens d'entendre un énorme bruit dans la cuisine.
- ✗ On vient de sonner à porte.

Et ainsi de suite. Tu crois que ces idées ne peuvent pas servir à construire une histoire? Tu vas voir plus loin ce qu'on peut en tirer.

Une façon amusante de démarrer c'est de jouer à rassembler ses idées : c'est véritablement un jeu plutôt qu'un travail sérieux d'écriture.

Voici comment procéder :
Pense à un mot — n'importe quel mot qui te passe par la tête. Écris-le au beau milieu d'une feuille de papier. Trace un cercle autour. À quoi ce mot te fait-il penser? Écris la réponse; entoure ce mot à son tour et relie-le d'un trait au mot précédent. Et à quoi te fait penser ce deuxième mot? Fais un trait pour relier le deuxième au troisième mot que tu as aussi encerclé. Te vient-il à l'esprit une pensée toute neuve à propos du premier mot écrit? Trace un nouveau trait à partir de ton premier mot, rédige ta nouvelle idée et encercle-la à son tour. Continue.

Voici un exemple :

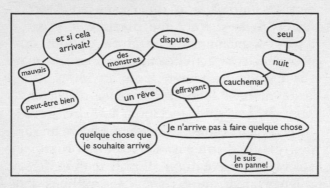

Pour bien jouer à ce petit jeu du rassemblement d'idées, il faut se sentir à l'aise et s'amuser sans arrière-pensée avec les idées et les paroles qui surgissent. Si ces éléments n'ont aucun sens ou te semblent stupides cela n'a aucune importance. Amuse-toi. On va voir plus tard à quoi va servir cet exercice.

Une autre façon de provoquer l'arrivée d'idées c'est de faire travailler ton cerveau pendant ton sommeil. Ce n'est pas parce que *toi*, tu dors, que ton cerveau ne peut pas rester éveillé.

Un jour que j'étais très occupée à la rédaction d'un roman, on m'a demandé de rédiger une histoire pour un manuel scolaire; je n'avais pas tellement envie de consacrer du temps à écrire une histoire. Mais c'est très flatteur quand un éditeur vous fait une commande et j'ai pensé que ce serait idiot de ma part de refuser ce travail. Sauf que je n'avais pas la moindre idée en tête.

Je me suis interrogée sur mes activités des derniers jours. Tout ce que j'avais fait c'était de rester assise devant ma machine à écrire à rédiger un manuscrit. Il ne fait pas de doute que, pour moi, cette activité était passionnante mais elle n'avait aucun intérêt pour les autres. Alors, je me suis mise à réfléchir. Je venais d'acheter un jeune golden retriever et mon fils de treize ans le conduisait à l'école de dressage. Encore un sujet dépourvu d'intérêt. Combien d'histoires racontant les aventures d'un garçon et de son chien avaient été écrites? Des millions sans doute. Je me suis donc arrêtée là, mais le soir dans mon lit, je suis restée dans le noir à repenser à tout ça avant de m'endormir.

Je me suis souvenue d'un chien que j'avais croisé un matin en promenant le mien. Il avait perdu une patte, sans doute dans un piège, mais il savait sauter les clôtures, jouer et se déplacer aussi bien que n'importe quel chien à quatre pattes. Je pourrais peut-être utiliser cette idée-là. J'ai carrément dit à mon cerveau de travailler dessus pendant la nuit et je me suis endormie. En effet, à mon réveil le lendemain, le début d'une histoire était là, qui m'attendait.

Imaginons qu'un garçon propriétaire d'un magnifique chien descendant d'une longue lignée de champions se mette en tête d'en faire aussi un vainqueur. Qu'arriverait-il si son superbe chien perdait une patte dans un piège? «Qu'arriverait-il si?» sont des mots magiques que tous les écrivains connaissent bien. Que ferait le garçon? Que ferait le chien?

Je me suis assise devant ma machine à écrire et j'ai tracé un plan sommaire (on en reparlera plus loin). Une histoire a commencé à prendre vie dans ma tête qui pourtant, la veille, m'avait paru aussi vide que le plus inexploré des déserts de sable d'Arabie.

Nos inquiétudes, nos peurs et nos ennuis personnels peuvent aussi servir de points de départ pour développer une histoire. Ce sont des afflictions que tout être humain connaît, toi comme le reste.

Je me rappelle le jour où j'ai failli me noyer en tentant de secourir ma chienne (la même) qui était tombée au travers de la glace. Pendant toute une semaine après, je n'arrivais pas à m'endormir le soir ou bien si je dormais, je m'éveillais en plein milieu de la nuit sans pouvoir retrouver le sommeil.

On aurait dit qu'à chaque fois que je fermais les yeux, je me retrouvais seule, tôt le matin, dans ce grand parc désert, avec le poids de mon manteau et de mes bottes m'entraînant vers le fond du lac. Puis, la scène se répétait.

Alors, un jour, je me suis installée et j'ai écrit l'histoire d'un garçon qui évite la noyade de justesse en essayant de sauver son chien. Je lui donnai le titre : *Jamais plus*.

C'était une histoire palpitante et elle avait le mérite de mettre les enfants en garde d'une façon tangible sur les dangers de s'aventurer sur l'eau gelée. Mais elle me permit surtout d'extérioriser mes peurs et mes sentiments en les fixant sur le papier si bien qu'à partir de ce jour, je retrouvais le sommeil. (Les chiens ne connaissent pas ces angoisses; ma chienne avait eu l'air de bien s'amuser surtout quand nous barbotions toutes les deux dans l'eau.)

Pense à tes propres peurs et ennuis puis essaie d'en parler. Tu peux déguiser les gens et les situations si c'est trop personnel. Et en plus de découvrir un bon sujet pour une histoire, tu trouveras peut-être des réponses ou des solutions à tes propres problèmes. C'est ce qui correspond à l'expression : «faire d'une pierre deux coups». Soit dit en passant, n'est-ce pas que cette phrase fait naître toutes sortes d'images qui pourraient servir dans une histoire?

Petits trucs

1. Sois une éponge. Observe, écoute et sens les choses. Sois curieux.

2. Achète un cahier neuf. Ouvre-le et hume son odeur. (Il n'y a rien qui égale l'odeur d'un cahier flambant neuf.)

   Reste tranquille et regarde le cahier.

   Pense à tout ce qui a pu t'arriver récemment, bon ou mauvais.

   Pense à tout ce que tu souhaiterais qu'il t'arrive.

   Inscris autant d'idées que tu peux.

   (Tu peux aussi pour ce faire utiliser ton ordinateur. Crée un document qui regroupera tes projets d'écriture.)

3. Prends une nouvelle page. En plein milieu, écris le premier mot qui te vient à l'esprit. Encercle-le d'un trait. Rassemble ensemble d'autres idées.

4. En dernier, le soir au moment de dormir, pense à tout ce que tu as absorbé tandis que tu faisais l'éponge; relis ce que tu as écrit dans ton cahier; réfléchis à ce que tu y trouves et dors! Fais de beaux rêves!

Une salade de problèmes

Maintenant il est temps de prendre quelques-unes de ces idées et de les agiter un peu.

Par exemple :
- Le chien qui a grignoté le sac à main. Quelle a été la réaction de ta mère? Comment le chat a-t-il réagi?
- L'enfant impossible que tu devais garder. Qu'est-ce qu'il a fait? Et toi, qu'as-tu fait?
- Pourquoi toi et ta meilleure amie vous êtes-vous chamaillés? Comment te sentais-tu? Comment se sentait-elle, elle? Et si la cause de votre dispute n'était qu'un malentendu et que vous l'ignoriez tous les deux?
- Ton professeur t'as demandé d'écrire une histoire? Et si l'école s'écroulait, devrais-tu produire ce texte quand même?
- En grignotant ton crayon, tu avales la gomme à effacer par mégarde et tu commences à étouffer. Tu es tout seul à la maison. (Je sais que c'est un peu tiré

par les cheveux, mais nous faisons des exercices, c'est tout.)

* Un bruit épouvantable se fait entendre dans la cuisine mais tu es seul (encore) à la maison et tu sais qu'il n'y a personne d'autre que toi. As-tu oublié de fermer la porte arrière à clé quand tu es entré?

* On sonne à la porte. C'est soit cette amie avec laquelle tu t'es chamaillé ou bien c'est ta mère qui a oublié ses clés et qui va bientôt découvrir son sac à main complètement déchiqueté, ou... ou...

* Et ce rassemblement d'idées a fonctionné? Un garçon a fait un rêve horrible; qu'adviendrait-il si ce rêve se réalisait?

Pour le moment ces idées n'ont été que le résultat de divagations sans but mais une étincelle a sûrement jailli. Quelque part dans tout ce fatras une petite lueur d'intérêt fait surface et tu ne dois pas la laisser s'échapper. Tu as un problème quelconque? Amplifie-le! Une histoire doit avoir un nœud et c'est ce que nous sommes en train de rechercher. Qu'est-ce qui est arrivé? Et ensuite? Et après? Que s'est-il passé après ça? Comment est-ce que ça finit? Choisis l'une de tes idées et développe-la.

* Ta mère ne voulait pas d'un chien au départ, car elle préfère les chats. Sans doute va-t-elle te forcer à t'en

débarrasser et pendant ce temps le chat, lui, affiche une mine très satisfaite.

✘ Après avoir terminé le nettoyage de l'affreux dégât que le petit monstre a fait, tu réalises tout à coup que tu as oublié de le surveiller et il a disparu!

✘ Tu prends la décision de faire des excuses à ton amie mais avant de pouvoir le faire tu apprends qu'elle sème des calomnies à ton sujet et tu te fâches encore plus.

✘ Non seulement l'école s'est-elle écroulée, mais tu es coincé dans la même pièce que ton professeur et il est gravement blessé.

✘ Cette histoire du crayon et de sa gomme te semble vraiment stupide, alors on peut peut-être la rejeter carrément.

✘ Il ne fait aucun doute qu'il y a quelqu'un ou quelque chose dans la cuisine!

✘ Le garçon rêve que sa maison brûle; il se lève et sort mais il retourne dedans, car son chien est prisonnier à l'intérieur.

Tu as bien établi le nœud du problème et il se complique à chaque minute. Alors, il est temps d'arrêter d'écrire et de te mettre à réfléchir à nouveau. Qu'est-ce que tu vas faire avec ce sujet? Est-ce que ça débouche sur un dénouement drôle, affreux ou triste? Que veux-tu qu'il arrive? Et comment vas-tu le faire arriver?

Si tu ne connais pas les réponses à toutes ces questions, ne t'en fais pas. Tu seras peut-être surpris de savoir que bien des auteurs ne savent pas, eux non plus, comment va se dérouler leur histoire. Il m'est arrivé souvent de m'écrier après une matinée passée à écrire :

Tiens! Comme c'est intéressant; je ne savais pas que ceci allait arriver!

À cette étape-ci, tu as peut-être envie de te promener et de repenser à ton histoire ou bien de t'asseoir et de regarder par la fenêtre. (Les membres de ma famille ne me croient pas encore quand ils entrent dans ma chambre et me trouvent assise dans un fauteuil, les yeux clos et que je leur dis que je travaille.)

Tu peux même avoir envie de dormir dessus. Quand ça commence à prendre forme dans ton esprit, c'est le moment d'affronter cette fameuse feuille et de commencer à mettre tes idées sur papier même si elles sont informes.

Et surtout, écris-les, car on ne peut pas compter seulement sur sa mémoire. Je sais par amère expérience que les idées s'oublient facilement. Après avoir perdu plusieurs idées qui étaient, bien sûr, totalement et absolument géniales, je garde toujours à portée de la main un crayon et un bloc-notes en tout temps, même la nuit sur ma table de chevet.

Le seul geste de noter par écrit toutes les idées qui te sont venues jusqu'ici t'aidera à en dénicher d'autres et à commencer de mettre les éléments de ton histoire en ordre.

Petits trucs

1. Examine les idées que tu as écrites et choisis-en une.

2. Regarde dehors, ou ferme les yeux, et pense à cette idée pendant un moment. Est-ce qu'il se dégage un problème?

3. Écris l'idée choisie sur une nouvelle page du cahier (ou dans ton dossier dans l'ordinateur) et ajoutes-y le problème.

4. Garde ton crayon et ton cahier à portée de main et sur ta table de nult. Les idées peuvent frapper à n'importe quelle heure.

Un squelette et non une cage

Un plan : on en a parfois besoin, d'autres fois, non. Le sujet d'un récit peut jaillir soudain, complet et structuré si bien qu'il ne reste plus qu'à s'asseoir et essayer de l'écrire à mesure qu'il se présente. Cela m'est déjà arrivé mais c'est rare. D'habitude je dois planifier mon histoire avant de me mettre à l'écrire. C'est justement là où j'ai besoin de faire un plan.

Commence par noter l'idée originale que tu as enfin choisie, le problème que tu as inventé et les complications qui pourraient en découler. Puis, écris ce que tu penses qu'il va arriver et comment tout ça va finir (si tu le sais).

Ensuite, élabore le récit le plus possible. Comment tes personnages ressentent-ils les événements? Note-le. Comment réagissent-ils? Prends note de ceci aussi. Que se passe-t-il à la fin (si tu es parvenu jusque là)? Prends bonne note de tous ces éléments.

Utilisons l'exemple de mon histoire de chien à trois pattes; je vais te montrer comment j'en ai établi le plan. D'abord, j'ai commencé avec le minimum de détails :

✕ Un garçon possède un golden retriever

de race. (l'idée originale)

* Le chien perd une patte. (Le problème)
* Le garçon voulait présenter son chien à des concours : (La complication)
* Solution finale ?????????

À partir de ces données, j'ai ensuite élaboré un second plan.

* Un garçon possède un golden retriever pure race de grande valeur.
* Le chien perd une patte. (Comment? Possiblement dans un piège lors d'une visite dans le bois. Le garçon cherche des jours durant sans succès. Combien de jours? Demander au vétérinaire combien de jours un chien peut-il rester pris au piège, perdre une patte et rester en vie.)
* Le chien survit. Le garçon l'aime toujours autant mais il regrette infiniment de ne pouvoir l'inscrire aux championnats.
* Le chien se débrouille sur trois pattes mieux que la plupart des chiens sur quatre pattes. Il adore les cours d'obéissance et se distingue par son habileté.
* Le garçon décide d'inscrire son chien à un concours d'obéissance et d'en faire un champion tout de même.

Arrivée là, je me suis retrouvée en difficulté. En consultant l'entraîneur des cours de dressage de mon propre chien, j'ai découvert qu'un chien «anormal» ne peut s'inscrire à un concours d'obéissance : ce qui voulait dire que mon histoire venait de se torpiller d'elle-même.

Puis, l'entraîneur me dit qu'il y avait des concours d'obéissance non homologués où la seule différence était que le chien vainqueur ne pourrait être reconnu comme un champion véritable. Ma réaction fut immédiate :

✗ Oh! mon héros ne voudrait jamais d'une récompense bidon : il lui faut un titre en bonne et due forme!

C'est à ce moment que le moteur de mon cerveau s'est mis à ronronner et je refis mon plan ainsi :

✗ Le garçon apprend que son chien ne peut s'inscrire aux concours officiels d'obéissance.

✗ L'entraîneur propose que le garçon inscrive son chien à l'un de ces concours parallèles puisqu'il est si habile et qu'il prend part aux exercices avec plaisir.

✗ Le garçon rejette la proposition avec colère : son chien vaut mieux que ça!

✗ L'entraîneur insiste et à la fin, voyant à quel point son chien s'amuse à accomplir ses routines de dressage, le garçon accepte et l'inscrit à la compétition non officielle.

✕ Le chien remporte la première place. (Est-ce une bonne fin? Elle manque de vie. Une meilleure idée va peut-être surgir pendant que j'écrirai).

Le plan est utile pour démarrer et aussi, comme le précise cet exemple, pour indiquer les recherches à entreprendre avant de se mettre à écrire. Si, plus tard, ton histoire se met tout à coup à avancer toute seule dans une direction que tu n'avais pas prévue, si les personnages prennent le dessus et se mettent à faire ce qu'ils ont envie de faire au lieu de ce que tu leur avait tracé — tant mieux! Cela voudra dire que ton histoire prend vie.

Dans ce cas, change ton plan ou développe-le. Un plan n'est jamais coulé dans le béton : il est là pour t'aider et non pas pour te restreindre. Penses-y comme à un squelette sur lequel tu peux greffer de la chair et non pas comme à une cage qui t'emprisonne et t'empêche de bouger.

Tandis que tu rédiges ton plan, garde en mémoire le fait que ton histoire doit avoir des personnages intéressants, un conflit (le problème que rencontre le héros), un déroulement qui va tenir le lecteur en haleine et, tôt ou tard, tu devras trouver une fin. Nous aborderons ces sujets dans les chapitres suivants.

✳ ✳ ✳

Revenons à cette histoire de chien : après avoir terminé le plan et commencé à rédiger, je savais que le chien finirait par gagner mais j'ignorais comment il allait le faire. Tout ce que je savais c'est qu'il faudrait qu'il se passe quelque chose de spécial.

Quand le garçon se présenta au concours non officiel qu'il considérait toujours comme un pis aller, j'ai été aussi surprise que lui de constater qu'il était aussi nerveux que si le concours avait été le vrai.

On aurait cru que le chien s'était mis à la machine à écrire à ma place pour décrire sa participation; il accomplit toutes les routines avec une telle aisance et un tel bonheur qu'on le déclara champion. Au terme du concours, le juge déclara qu'un nombre aussi élevé de points n'avaient jamais été accordés à aucun autre chien dans aucun autre concours, officiel ou non officiel.

Puis — je pouvais le voir très clairement — le chien s'assit dans l'espace réservé au vainqueur, se balançant sur ses trois pattes, sa langue balayant la gueule la plus souriante jamais vue sur un chien — de race ou non — si bien que l'assistance se leva et l'acclama.

La chose spéciale que j'avais cherchée s'était présentée toute seule pendant que j'écrivais. Et le plan avait été utile, car il m'avait indiqué le chemin à parcourir. Puis, l'histoire s'était mise en marche et s'était dirigée vers son but de ses propres moyens.

Petits trucs

1. Prends une nouvelle page. Note ton idée de départ, le conflit que tu as inventé, n'importe quelle autre complication dont tu as eu l'idée et la fin (si tu la connais; sinon, ne t'inquiète pas.)

2. Une autre page neuve. (Comprends-tu pourquoi un cahier neuf et vide ou bien un dossier neuf dans ton ordinateur sont essentiels? On a besoin de beaucoup d'espace.) Écris le titre :

PLAN
Maintenant élabore le récit autant que faire se peut. Rature, efface, barbouille s'il le faut. Ce n'est qu'un cahier et il reste beaucoup de pages. Fais plusieurs plans si tu en as envie en utilisant une nouvelle page chaque fois. (Inscris la date pour chacun : ainsi tu sauras lequel est le plus récent).

Qui est qui
et qui fait quoi?

Tu as établi ton plan. Tu as tout au moins une vague idée de ce dont traitera ton histoire. Mais qui en sont les personnages? Qui en est le protagoniste? Quel est son nom? À qui ressemble-t-il ou elle? Qui sont les autres personnages? Comment s'appellent-ils? Comment sont-ils? Quel âge ont tous ces gens? Depuis quand se connaissent-ils?

Voici un petit conseil d'ami : une courte nouvelle ne devrait pas compter une foule de personnages — il n'y a pas de place pour eux. Dans un roman on peut faire intervenir beaucoup de monde mais dans une nouvelle il est préférable de s'en tenir à un personnage principal et à un ou deux personnages secondaires. Si tu mets en scène d'autres personnages, assure-toi que leur présence est réellement nécessaire. S'ils ne le sont pas — fiche-les dehors. Tu n'as ni le temps ni l'espace pour eux.

Commence par le personnage principal. Il peut être calqué sur toi-même ou ressembler à quelqu'un d'autre. Si tu prends modèle sur un autre que toi, la première chose à faire et la plus importante c'est de lui trouver un nom.

Quelquefois un prénom te vient tout de suite à l'esprit. D'autres fois tu dois chercher pour le trouver. Quand tu l'as déniché, inscris-le et, dessous, note tout ce que tu peux dire qui se rapporte à cette personne.

Tu n'utiliseras sans doute qu'une infime partie de ces renseignements dans l'histoire finale, mais ça n'a pas d'importance. Ce qui compte c'est que tu commences à connaître ton personnage aussi bien que ton meilleur ami et même encore mieux. Quand tu seras arrivé à ce point, tu sauras comment ton héros ou ton héroïne affrontera les problèmes que tu as inventés et même comment il ou elle s'y prendra pour les résoudre.

Fais la même chose pour chacun des héros de ton histoire (y compris les animaux). Tu te rendras peut-être compte en écrivant, qu'un des personnages secondaires se met à prendre de plus en plus de place. C'est ce qui est arrivé dans l'un de mes livres. Une fille qui occupait un rôle de second plan a pris de l'importance et a finalement supplanté les deux protagonistes. En fait, j'ai dû maintenir son élan, car si je l'avais laissée faire, elle aurait pris toute la place! (À vrai dire, j'ai développé une telle affinité avec cette fille qu'il se peut bien qu'un jour je l'utilise comme héroïne d'un autre livre.)

Si tu parviens à vraiment bien cerner tes personnages, tu constateras qu'ils se mettent parfois à parler de leur propre gré: tout ce qu'il te reste à faire c'est de prendre note de leurs paroles. Si tu tentes de leur faire dire des choses qui ne conviennent pas à leur personnalité, ils vont se rebiffer.

C'est arrivé souvent que rien ne fonctionne. À chaque fois, je m'arrêtais et j'examinais ce que j'étais en train d'écrire : je me rendais compte que j'essayais de faire parler ou agir un personnage d'une façon non conforme à son tempérament. Je pensais tout à coup :

—Sylvie ou Jean ne dirait jamais cela! ou n'agirait pas ainsi! Voilà où ça cloche!

Je reprenais les commentaires que j'avais notés sur Sylvie (ou Jean) et je m'appliquais à réfléchir sur le genre de personne qu'elle (ou il) était en essayant d'imaginer quelle aurait *vraiment* été sa réaction. Puis, je me remettais à écrire et, en général, tout s'arrangeait pour le mieux.

Évidemment quand on décide de se mettre soi-même en scène — peut-être même comme protagoniste — il n'est pas nécessaire de faire une liste de ses comportements. On se connaît soi-même, n'est-ce pas? Pas du tout : on se connaît bien mal. En plus, si tu te prends comme modèle, cela ne signifie pas que tu doives à tout prix révéler toute la vérité sur toi-même. Pour les besoins du récit tu peux modifier toutes sortes de choses. Tu peux te présenter sous un jour meilleur qu'en réalité, ou pire. Tu peux te permettre de poser tous les gestes merveilleux que tu as toujours voulu poser et dire toutes ces phrases intelligentes que tu as toujours voulu prononcer, ou bien tu peux te laisser aller à accomplir une action totalement affreuse et horrible que tu n'envisagerais jamais de faire (ou que tu n'aurais jamais le courage de faire) dans la vraie vie.

Tu n'es pas tenu de dire la vérité. C'est toi qui décides qui est qui et qu'est-ce qui arrive : tu es l'auteur et c'est toi le meneur de jeu.

Un jour, quand ma fille était petite et que je l'avais punie parce qu'elle avait menti, elle a répliqué :

— Quand je serai grande je deviendrai écrivaine et alors je pourrai mentir autant qu'il me plaira.

C'est en effet l'un des plaisirs du métier d'écrivain. On s'attend à ce que tu mentes parce que l'on sait bien que la vérité est rarement assez intéressante. C'est pour cette raison que l'on peut, dans une histoire, tripoter la vérité autant que l'on veut. On peut changer les gens y compris sa propre personne autant qu'il nous plaît.

Mais si tu choisis de t'insérer toi-même dans une histoire, sois prudent. Il y a un phénomène qui peut surgir dont je préfère te prévenir. De la même façon qu'on apprend une foule de choses sur un personnage fictif à mesure qu'on décrit son évolution (même si tu croyais le cerner parfaitement avant de commencer) tu risques de découvrir sur toi-même des choses auxquelles tu n'avais même pas songé. Parfois, ça fait un peu peur.

On peut aborder la difficulté d'une autre manière : en écrivant à la première personne, c'est-à-dire au «je», mais en établissant que ce «je» est un autre que toi.

Tu peux effectivement être une fille nommée Sylvie mais avoir envie d'écrire une histoire du point de vue d'un garçon du nom de Luc. Pourquoi pas? Ce serait amusant de tenter l'expérience. Si tu es un garçon, pourrais-tu écrire une histoire du point de vue d'une fille? Ce faisant, tu apprendrais certainement une foule de choses.

Si tu réussis à bien cerner tes personnages, les lecteurs auront l'impression de bien les connaître eux aussi. Ils vont les adopter et se soucier de ce qui leur arrive.

Quand je termine une histoire et encore plus lorsque j'arrive à la fin d'un roman, je me sens souvent triste. J'en suis venue à apprécier mes héros en les côtoyant tant et si bien que je n'ai nullement envie de les quitter. J'ai le sentiment qu'ils vont me manquer autant que s'ils étaient mes propres enfants. À vrai dire, les personnages de mes livres sont, à plusieurs titres, mes propres enfants.

Les personnages que tu inventeras seront tes enfants à toi aussi et tes meilleurs amis. Parfois même tes ennemis mais ce qui importe avant tout c'est qu'ils soient vivants.

Petits trucs

1. Commence une nouvelle page. (Comment savais-tu que j'allais te proposer ça?) Écris le nom de ton personnage principal en haut; ensuite, de façon libre ou bien sous la forme d'un essai, écris tout ce que tu peux à son propos. N'oublie pas son âge, sa description physique, les détails de son comportement (Timide? Agressif? Plein d'assurance? Envahissant?). Décris ce qu'il préfère, ce qu'il déteste;

Qui est son meilleur ami? Son pire ennemi?

Est-ce qu'il ou elle aime l'école? Quelles sont ses habiletés scolaires?

Quels sont ses rapports avec ses parents?

Quel est son sport favori? Ses passe-temps?

Rajoute à cette liste tout ce qui peut être pertinent. Dessine le portrait de ton héros. Ou bien, essaye de le représenter sous forme de peinture ou de sculpture— tout le «temps» que tu passes avec ton personnage te permet de découvrir d'autres aspects de sa personnalité.

2. Écris une expression que seul ce personnage utilise. Ça pourrait être «Formidable!», ou «Pas question!» ou bien, «T'sais?» ou n'importe quoi d'autre.

3. Décris un trait de caractère que seul ce personnage a. Cela pourrait être qu'un garçon hoche la tête tout le temps pour chasser de ses yeux une mèche de cheveux. Ou une fille qui tortille ses cheveux autour d'un doigt, ou mordiller les bouts. (Ceci pourrait taper sur les nerfs d'un autre personnage.) Le protagoniste pourrait soulever un sourcil lorsqu'il ou elle refuse de croire quelque chose. (J'ai toujours eu envie de savoir faire ça!) L'héroïne peut se ronger les ongles quand elle est nerveuse tout en essayant de se débarrasser de cette habitude. Peut-être qu'elle tambourine sur les tables, les chaises ou sur ce qui se trouve à la portée de sa main. (Ceci pourrait aussi indisposer un autre personnage.)

4. Décris les traits caractéristiques de chacun des personnages de ton histoire.

Alors, on cause?

Le dialogue doit avoir l'air naturel. Toutefois, cela ne veut pas dire de l'écrire comme on entend converser les gens. Prends quelques minutes pour écouter les conversations autour de toi. Sans doute n'entendras-tu pas une seule phrase complète. Et, très probablement, tu constateras que les interlocuteurs s'interrompent mutuellement sans arrêt et qu'une phrase commencée par l'un est souvent terminée par l'autre. Si tu écrivais ce dialogue tel quel, ce serait un drôle de mélange. Le truc consiste à organiser ce que disent les personnages de telle façon que leur échange ait l'air spontané et qu'on en comprenne bien le sens.

Malgré tout, on peut laisser un personnage en interrompre un autre lorsque c'est nécessaire. Utilise des points de suspension (...) à la fin d'une phrase de dialogue.

Par exemple :

— Tu n'écoutes jamais ce que je... , commença Jeanne.

— Bien sûr que j'écoute, interrompit Bernard.

Si une personne est pensive et laisse sa phrase inachevée, utilise aussi des points de suspension :

— Je me demande si je pourrais découvrir ce qui se passe... Marie ne finit pas sa phrase.

Il y a plusieurs façons de remplacer le mot «dit». En voici quelques-unes.

— Je... je ne le crois pas! balbutia Jeanne.
— Je ne peux pas le croire! s'écria Suzanne.
— Non! Je refuse. répliqua Thomas.
— OK., lança Guy.
— Non! cria Marie.
— Sortez d'ici! hurla Paul.
—J'ai peur, murmura Francine.

Il ne faut pas exagérer tout de même. Dans la plupart des cas, «dit» est le mot le plus simple et le plus efficace à utiliser; et si l'action est trépidante, le lecteur ne se rendra même pas compte de la répétition.

Évite les verbes compliqués comme :

— J'espère que non, soupira Marie.
— C'est ridicule! rigola Thomas.

Essaie donc de soupirer une phrase ou de rigoler quelques mots. C'est un véritable tour de force.

Évite aussi autant que possible d'utiliser des adverbes tels que «sourit gentiment» ou «pleura tristement». Tu peux raisonnablement penser que si quelqu'un sourit, c'est qu'il est gentil ou s'il pleure c'est qu'il est triste.

On n'est pas toujours obligé de répéter «dit» ou «cria». L'action du récit peut indiquer au lecteur qui a la parole.

Par exemple :

— Je déteste cette école et tous ceux qui sont dedans!

Élisabeth jeta sa pile de livres sur la table avec un tel dépit que quelques-uns déboulèrent sur le plancher.

—Désolé, mais je ne peux pas te le dire.

Jean tourna le dos à Robert et sortit de la pièce.

Utilise le dialogue pour faire avancer l'action. Sers-t'en aussi pour compléter la description du personnage qui parle ou détailler le déroulement de l'histoire. Le dialogue ci-dessus nous fait comprendre exactement quels sont les sentiments qui animent Élisabeth sans avoir besoin de préciser qu'elle est fâchée. On le sent très bien. Le dialogue suivant nous fait aussi comprendre que Jean a un secret qu'il ne veut pas partager avec Robert. Encore une fois, ce détail n'a pas été annoncé au lecteur : je l'ai montré à travers les mots que prononce Jean. Une règle d'or à observer quand on écrit est celle-ci : Ne le dis pas, fais le voir!

Parfois, lorsqu'il n'y a que deux interlocuteurs et que tu veux que l'action avance rapidement, il n'est pas nécessaire d'identifier celui qui parle après chaque répartie. Il est bon de le faire de temps en temps pour que le lecteur suive bien.

Par exemple :
— Je ne l'ai pas volé!
Le visage de Roger était rouge de colère.
— Ouais, bon. Mais alors pourquoi est-il dans ta case? répliqua Pascal.
On lisait la même colère sur son visage à lui.
—Je ne sais pas. J'ignore comment il s'est retrouvé là.
La voix de Roger montait.
— Tu t'attends à ce que je te croie?
— Oui. C'est la vérité.
— Rien à faire. Je ne te crois pas.
— Tu dois me croire!
Roger se rendit compte avec horreur que ses yeux étaient remplis de larmes.

Dans le chapitre précédent nous avons suggéré que chacun des personnages dise quelque chose de particulier qui serait comme leur «marque de commerce». Développe davantage cette idée en t'assurant que chacun de tes personnages s'exprime de façon bien personnelle. Ton lecteur devrait reconnaître que c'est Marie qui parle plutôt que Suzanne, uniquement par le choix des mots ou l'agencement des phrases. Peut-être que Marie hésite toujours un peu et parle timidement tandis que Suzanne fait des réflexions sans se soucier d'écorcher les susceptibilités au passage.

Peut-être que Roger ne peut s'empêcher de se vanter ou que Thomas offre tout le temps des excuses. Peut-être que Guy n'est jamais du même avis que quiconque; peut-être Élisabeth essaie toujours de mettre les gens d'accord et de faire régner la paix. Leur façon de parler démontrera ces traits de caractère.

Il est important de se rappeler que chaque fois qu'un nouveau personnage prend la parole, tu changes de ligne. Sinon, le lecteur ne s'y retrouvera pas. Commencer un nouveau paragraphe pour chaque nouveau venu indique au lecteur qu'un interlocuteur différent prend la parole. Examine bien ces deux exemples :

— Je ne retrouve plus mon devoir, crie Odette. — Où l'as-tu laissé hier soir? répond sa mère. — Ici, dans ma chambre.

— J'en suis sûre! Odette farfouille désespérément dans les piles de documents sur son pupitre.

— Je ne retrouve plus mon devoir, crie Odette.
— Où l'as-tu laissé hier soir? répond sa mère.
— Ici, dans ma chambre. J'en suis sûre!
Odette farfouille désespérément dans les piles de documents sur son pupitre.

Lequel des deux dialogues se lit le plus

facilement? Avais-tu du mal à suivre dans le premier?

Cette règle est utile même quand les phrases sont très courtes.

— Viens-tu avec moi? demande Jacques.
— Non, répond Philippe.
— Pourquoi pas ?
— J'peux pas.

Si tu écrivais cet échange tout à la suite, ça donnerait un petit mélange de ce genre :

— Viens-tu avec moi? demande Jacques.— Non, répond Philippe.— Pourquoi pas ?— J'peux pas.

Difficile à déchiffrer, n'est-ce pas?

Petits trucs

1. Rédige une ou deux pages de dialogue entre les principaux personnages de ton histoire. Essaie d'utiliser des verbes forts qui remplacent le verbe dire; n'oublie pas de renseigner ton lecteur sur les sentiments de ton héros et sur le déroulement de l'action.

2. Essaie de reconnaître qui parle en faisant attention aux expressions employées, même si tu ne sais pas le nom exact des personnages. (Tu pourrais écrire une demi-page de dialogues sans identifier les interlocuteurs et voir si leur façon de parler te permet de savoir qui parle.)

C'est l'histoire de qui? Elle se passe quand?

Au chapitre 4 nous avons parlé du point de vue. Allons-y voir de plus près. Tu pourrais être une fille, Sylvie, qui écrit du point de vue d'un garçon, Thomas. Ou bien, tu pourrais être un garçon qui écrit du point de vue d'une fille. Cela n'a pas d'importance. En tant qu'auteur tu peux te permettre ces mensonges.

Mais tout d'abord, il faut décider si tu vas raconter ton histoire à la première personne ou à la troisième personne. Disons que tu adoptes le point de vue de Thomas. Si tu choisis d'écrire à la première personne, tu diras «je».

Par exemple :

Mon nom est Thomas mais tout le monde m'appelle Tom. Sauf ma mère. Elle insiste pour m'appeler Thomas. je déteste ça.

Si tu écris à la troisième personne, tu vas te servir du nom de Thomas.

Par exemple :

Le vrai nom de Tom est Thomas mais tout le monde l'appelle Tom. Sauf sa mère. Elle insiste pour l'appeler Thomas. Il déteste ça.

C'est à toi de choisir le mode le plus confortable pour toi. Je t'entends me demander :

Y a-t-il une deuxième personne?

La deuxième personne, c'est toi! C'est très difficile d'écrire une histoire de ce point de vue mais c'est réalisable.

Par exemple :

Ton vrai nom est Thomas mais tout le monde t'appelle Tom. Sauf ta mère. Elle insiste pour t'appeler Thomas. Tu détestes ça.

N'est-ce pas que ça sonne faux?

Une fois décidé le point de vue que tu adoptes, la chose la plus importante — et la plus difficile — c'est de s'y tenir. Ceci veut dire que tu dois te placer dans la tête de ce personnage à chaque moment de l'histoire. Tu ne dois voir que ce qu'il voit, n'entendre que ce qu'il entend. Si on se bagarre à trois rues d'où il est, ton personnage ne peut pas en être témoin à moins que quelqu'un l'en informe. Ton personnage ne sait pas ce que pensent les autres — il ou elle ne peut que l'imaginer.

Si tu changes le point de vue de ton personnage à tout instant, ton pauvre lecteur va être complètement dérouté. Lis le début de cette ébauche et tu vas comprendre ce que je veux dire.

Dès son réveil, Marie comprit que la journée allait être affreuse. Elle trébucha sur une pile de livres oubliés par terre au pied de son lit; sa mère avait préparé du gruau plein de grumeaux pour le petit déjeuner. Les choses empirèrent. Lorsqu'elle entra dans la classe Simon était assis à sa place. Il savait qu'elle détestait ça!

Il est clair que c'est l'histoire de Marie et que tu t'es mis dans sa tête en attente de ce qui va se passer ensuite. Mais...

Simon leva les yeux. Marie avait l'air fâchée. «Je m'en fiche, pensa-t-il. J'ai eu une soirée pénible — une autre chicane avec mon père — et je vais m'asseoir là où j'ai envie.»

Oups! Est-ce l'histoire de Simon? On dirait que nous sommes dans sa tête maintenant, O.K. Mais...

Thomas entra. Simon et Marie se chamaillaient encore, comme toujours. «Ces deux-là ne s'entendront jamais,» songea-t-il. Il souhaita qu'ils cessent leurs chicanes.

Hé! Une minute!! Nous voici maintenant dans la tête de Thomas, observant les choses de son point de vue. Qui est donc le héros de cette histoire?

Ce va et vient est très mélangeant pour le lecteur.

Il y a une manière de maintenir le cap sur le point de vue choisi tout en donnant au lecteur un aperçu de ce qui se passe ailleurs.

Par exemple :

Marie entra dans la classe. Simon était assis à son pupitre. Il savait qu'elle détestait ça. Il boudait — sans doute avait-il eu une autre chicane avec son père. Son père lui rendait la vie dure, c'est vrai, mais elle s'en fichait. Simon n'avait pas le droit de s'installer au milieu de ses affaires. Elle se précipita vers lui.

— Hé! Vous deux!

Une voix venant de l'entrée la fit sursauter juste au moment où elle allait dire à Simon sa façon de penser.

— Allez-vous arrêter de vous chamailler?

C'était Thomas. Toujours à se mêler des affaires des autres.

Ton lecteur apprend ici ce que pensent Simon et Thomas mais, cette fois, du point de vue de Marie.

Tu pourrais aussi écrire cette séquence à la première personne en commençant ainsi :

Dès mon réveil, ce matin, je savais que la journée allait être affreuse. J'ai trébuché sur une pile de livres oubliés au pied de mon lit et ma mère avait préparé du gruau plein de grumeaux pour le petit déjeuner.

Continue sur ta lancée. Tu te rendras peut-être compte que tu préfères écrire à la première personne et que, pour certaines histoires, la troisième personne convient mieux. Ton instinct te dictera la marche à suivre.

Parfois il est possible d'adopter plus d'un point de vue mais il faut bien contrôler le procédé et ne pas le faire par accident. Des récits construits de cette façon auront une structure différente. Par exemple, un chapitre aura pour titre : DAVID et ce chapitre donnera le point de vue de David. Le chapitre suivant sera intitulé ANDRÉ et il sera écrit du point de vue d'André. Cette manière de faire indique au lecteur que le point de vue a changé. Il faut toutefois une bonne raison pour employer ce procédé. Pénétrer dans la tête de chacun de ces garçons peut être essentiel pour bien suivre l'histoire. Sinon, il vaut mieux adopter un seul point de vue.

Il y a une autre façon de faire, c'est-à-dire adopter un tout autre point de vue même si cette façon est moins en usage aujourd'hui. Il s'agit de se mettre à la place d'un narrateur omniscient. C'est le cas où l'auteur sait tout ce qui se passe — incluant ce que pensent les gens — et il le dit au lecteur. Les livres écrits avec cette approche peuvent commencer ainsi :

Chers lecteurs, laissez-moi vous raconter ce qui s'est passé en 1816 dans la famille Jacoby...

Les contes de fée ont été surtout écrits de cette façon. Rappelle toi :

Il était une fois une ravissante jeune fille dont la belle-mère était très méchante. Elle avait deux horribles demi-sœurs...

Tu peux te servir de ce point de vue du narrateur omniscient si tu veux. Mais prends bien soin de contrôler la technique et de structurer ton récit adéquatement. Il ne faut pas que tu te mettes à dériver par accident en mélangeant les points de vue.

Maintenant, parlons des temps de verbes. Plusieurs histoires sont racontées au passé comme ceci :

David essaya de se calmer. «Ce n'est qu'un jeu, pensa-t-il. Qu'importe de gagner ou de perdre?» Mais il n'arrivait pas à se convaincre.

Même si tu commences au présent en décrivant l'un ou l'autre des personnages vivants, tu peux passer au passé en abordant le corps du récit.

Par exemple :

Je ne suis pas du genre timide et je ne suis pas angoissé à l'idée de rencontrer des étrangers mais, la semaine dernière, c'était différent. J'ai dû aller à une fête où je ne connaissais aucun des invités. En me levant le matin, j'avais mal au ventre.

ou :

Jacques est si grand qu'il doit se pencher pour passer les portes. Il déteste ça. La semaine dernière, pour le bal de fin d'année, il a refusé de danser tant il se sentait mal dans sa peau. Il est resté autour de la table du buffet toute la soirée...

Tu peux aussi écrire toute l'histoire au présent. C'est une autre façon de faire. Essaie-la. Voici ce que ça pourrait donner :

Je m'en vais à l'école et je suis malheureuse. Marie vient à ma rencontre: elle voit bien que je ne suis pas dans mon assiette, Je n'ai pas envie de lui révéler la raison. Nous entrons dans la classe, le cours commence...

Tu peux choisir le présent ou le passé mais je te déconseille fortement l'utilisation du futur. Cela peut être une source de complications.

Essayons :

Jules s'éveillera et ira en classe aujourd'hui. Il déjeunera et découvrira que le pneu de son vélo est crevé.

Zut! dira-t-il, je vais être en retard à l'école.

Il va être en retard à l'école et son professeur dira...

Je n'ai jamais utilisé ce temps-là et je crois que je ne le ferai jamais.

Petits trucs

1. Consulte ton plan et ta description du personnage principal. Écris deux paragraphes, l'un à la première personne, l'autre à la troisième. Décide quel est celui que tu préfères.

Par exemple :

a) Marie mâchouillait une mèche de cheveux avec une telle concentration qu'elle n'entendit pas ce qu'on donnait comme devoir. Ce fut le début de ses problèmes. Après la classe, elle téléphona à Christiane pour lui demander si elle avait écouté. Elle non plus n'avait pas entendu.

Qu'est-ce qu'on va faire? dit Marie en gémissant.

b) Je mâchouillais un mèche de cheveux avec une telle concentration que je n'entendis pas ce qu'on avait comme devoir. ce fut le début de mes problèmes. Après l'école, j'ai téléphoné à Christiane pour lui demander si elle avait écouté. Elle non plus n'avait pas entendu.

— Qu'est-ce qu'on va faire? dis-je en gémissant.

2. Joue avec le temps des verbes si tu en as envie.

Rédige un bout de texte et tu verras quel voix et quel temps de verbe te convient le mieux. Amuse-toi. Expérimente!

Un plongeon dans l'eau glacée

Maintenant, on a assez tourné autour du pot, il serait temps de commencer notre histoire. Tu peux l'écrire dans un cahier. Prends soin de laisser un espace double entre les lignes, de manière à laisser de la place pour les corrections et les révisions. Tu préfères peut-être utiliser des feuilles volantes : laisse un espace double aussi entre les lignes. Tu peux te servir d'un ordinateur. Choisis un caractère courant et ne change pas. Il est inutile de gaspiller ton temps et ton énergie à peaufiner l'aspect de ton texte : nous sommes à l'étape du brouillon.

Je me sers d'un ordinateur aujourd'hui, mais j'ai écrit mes premiers livres sur une machine à écrire. Le jour où j'ai eu une machine à écrire électrique je me croyais outillée pour la vie. Aujourd'hui, je ne pourrais travailler sans mon ordinateur. J'imprime mes brouillons à mesure, (je le fais en ce moment) et je fais de multiples corrections sur la feuille imprimée.

Quelle que soit la méthode que tu emploies, commençons donc!

Rappelle-toi que rien de ce que tu écris n'est coulé dans le béton alors n'aie pas peur d'en mettre : il sera toujours temps de faire des modifications. L'important, c'est de commencer.

Pense aux meilleures histoires que tu as lues : essaie de te souvenir pourquoi tu avais choisi de les lire. Il y a de bonnes chances que ce soit la lecture des premières pages qui t'ait poussé à aller de l'avant : tu voudrais bien que tes lecteurs soient tellement intéressés par la lecture de tes premières pages qu'ils ne puissent faire autrement que de continuer à lire.

Tu souhaites par la même occasion qu'ils sachent le plus rapidement possible de qui on va parler, où va se dérouler l'histoire et quel en est l'enjeu.

Présente ton protagoniste, parles-en suffisamment pour que le lecteur sache au moins approximativement quel âge il (ou elle) a, où se déroule l'action et ensuite, expose le problème.

Bien entendu tu ne vas pas dire bêtement : Luc Charlebois a neuf ans, il habite au 675 de la rue Boyer et son chien vient de mâchouiller le sac à main de sa mère. Il n'y a pas d'émotion dans cette phrase mais il y a une foule de façons de transmettre ces informations tout en entrant dans le vif du récit. L'une de ces façons c'est de commencer par de l'action. Par exemple, la mère trouvant le sac à main tout mâchouillé; ou l'enfant impossible poussant le chat dans le bol des toilettes. Ou encore tu pourrais décrire comment les murs de l'école s'écroulent autour de toi et de ton enseignant, ou encore représenter le bruit épouvantable qui vient de la cuisine ou la sonnette de la porte avant qui retentit.

Par exemple :

Je devais rédiger une histoire pour lundi et nous étions déjà dimanche soir. J'étais si angoissé que j'avais grignoté mon crayon au point où on aurait dit qu'une souris s'y était attaqué. La gomme à effacer avait un goût horrible mais je m'en étais à peine aperçu.

Tout à coup, sans prévenir, elle se détacha du crayon et tomba dans ma bouche. Juste à ce moment je fus secoué par le hoquet et la gomme se logea dans ma trachée. Je ne pouvais plus respirer.

Au bord de l'étouffement, je me penchai sur ma table. De l'air! J'avais besoin d'air sinon j'allais étouffer. Mais j'étais impuissant et j'avais besoin d'aide. Puis, dans un éclair j'ai réalisé avec stupeur que j'étais tout seul à la maison. Il n'y avait personne pour me porter secours.

Maintenant les lecteurs savent de qui il s'agit (un enfant probablement du même âge que le narrateur), où se déroule l'action (devant la table de travail dans la chambre du protagoniste) et le problème a été présenté efficacement.

Une autre façon de commencer c'est d'utiliser des dialogues. Ne mentionne pas la dispute que tu as eue avec ta meilleure amie; fais en sorte que le lecteur entende cette chicane. Transforme-la en dialogue, aussi violent, furieux et emporté qu'il se peut.

Voici un exemple :

— Tu as menti à mon sujet, Catherine Dumas. Tu as menti à toute l'école!

— C'est faux! C'est ce que tu dis, toi, qui est un mensonge!

— Catherine était ma meilleure amie depuis 8 ans — depuis la maternelle — et jamais nous n'avions été en désaccord. Jamais auparavant elle n'avait dit d'horreurs sur mon compte.

Tu as donné aux lecteurs, dans ces neuf premières lignes, tous les éléments importants et ce, par le dialogue. Tu n'as pas eu besoin de t'arrêter pour identifier celui qui avait la parole car cette façon de faire rend la chose évidente.

Si tu veux écrire la séquence avec le chien, pourquoi ne pas débuter par un cri strident :

Yiiiiiiiiiiiiiii!

Le hurlement venait de la mère de Luc et émanait du salon. Au même instant, le petit chien nouvellement adopté par Luc courut dans sa chambre pour se glisser sous le lit et se terrer dans le coin le plus caché. Luc éprouva une curieuse sensation au creux de l'estomac. Sa mère avait dit :

Si ce chien gaspille une seule autre chose, une seule, on le retourne à l'animalerie.

Le chat passa devant nous en agitant la queue. Il arborait un air triomphant.

Et ce garçon qui avait rêvé qu'il était emprisonné dans une maison en feu, qu'est-il devenu? Son histoire pourrait commencer ainsi :

> Pendant quelques instants, Jules demeura confus dans son lit. Il ne comprenait pas ce qui l'avait réveillé. Il toussa. Il sentait quelque chose qui l'oppressait et l'étouffait. Tout en s'extirpant du sommeil, il se rendit compte qu'une odeur âcre et brûlante régnait dans la pièce. Ses yeux pleuraient, ses narines étaient sèches. Puis, d'un seul coup, il s'éveilla tout à fait. Sa chambre était pleine de fumée! La maison brûlait!

Il y a une autre bonne façon de commencer : en faisant un retour en arrière. Un jour, j'avais un problème avec l'un de mes textes. L'histoire mettait en vedette une jeune fille du nom de Dame Jeanne Grey qui fut , à quinze ans, reine d'Angleterre pendant neuf jours. Dame Jeanne Grey. La reine en titre, Marie Tudor, la mit en prison et ordonna qu'on lui tranche la tête. (Ceci est une histoire vraie qui s'est passée en Angleterre en 1554.)

Ma difficulté avec cette histoire venait du fait que le récit devait commencer quand Jeanne a neuf ans mais la plupart de l'action décrite a lieu plus tard quand elle est plus âgée. Il fallait que ceci soit clair. Je ne voulais pas donner l'impression au départ que tout le livre avait pour héroïne une fille de neuf ans et non une adolescente; afin de résoudre le problème j'ai fait un retour en arrière.

L'histoire commence donc avec Jeanne à 16 ans : elle est debout à la fenêtre d'une maison voisine de la Tour de Londres, observant les gens qui montent un échafaud. Elle sait que le lendemain, c'est sa tête à elle qu'on tranchera. Alors, je l'ai fait se souvenir comment toute cette histoire avait commencé.

Elle se rappelle du jour où, alors qu'elle avait neuf ans, un messager arriva de Londres annonçant que leur cousin Édouard âgé lui aussi de neuf ans, était devenu roi d'Angleterre et qu'elle devait aller le rejoindre pour vivre à la cour. L'histoire s'enchaîne à partir de cet épisode et se déroule jusqu'au moment où l'on se retrouve au point de départ.

Une autre fois, où j'écrivais un autre livre, je n'arrivais pas à passer au travers du premier chapitre. J'ai écrit une première version, puis je l'ai réécrite et réécrite sans jamais en être satisfaite. Finalement, je l'ai laissée de côté et je et j'ai continué à écrire le reste.

Quand j'ai eu fini la rédaction, j'ai repris le premier chapitre et, cette fois, tout a bien marché. Je pense que je ne connaissais pas suffisamment mes personnages — et que je n'avais pas exploré en profondeur le contenu du livre — avant de savoir vraiment comment le début devait être écrit.

Quand tu possèdes ton sujet, fais différentes

versions du premier paragraphe. Écris-en deux ou trois, même plus. Essaie différentes présentations jusqu'à ce que tu découvres celle qui colle le mieux à ton histoire.

La seule façon de parvenir au terme d'une histoire c'est de commencer : alors, prends une grosse respiration et jette-toi à l'eau!

Petits trucs

1. Écris la première page de ton histoire. Essaie de situer pour ton lecteur où se passe l'action, qui en est le héros et quel est le conflit que tu vas aborder.

2. Si cela ne réussit pas, essaie encore et encore jusqu'à ce que ça marche. Fais des expériences avec les voix et les temps de verbe. Il te faudra peut-être faire plusieurs brouillons avant de réussir. Il faut bien faire des exercices de réchauffement avant une course n'est-ce pas? Il faut parfois en faire beaucoup avant d'entrer dans l'histoire. Quand tu auras trouvé la meilleure façon de commencer, jette tes brouillons à la poubelle et commence avec le début de l'histoire.

3. Si jamais ça ne fonctionnait pas, passe au chapitre suivant, Il faut quelquefois écrire toute l'histoire jusqu'au bout avant de trouver un bon début. Ne te décourage pas. Faire plusieurs brouillons aide à mettre les idées en place.

En panne · · ·

Le début s'articule bien, tout se déroule à merveille mais tout à coup, les mots s'arrêtent. Tu sais où tu veux aller mais comment vas-tu t'y rendre? Quoi écrire après? Tu ne peux plus avancer. Tu n'as plus d'idées. Tu es en panne.

Il y a une expression pour décrire ce phénomène : ça s'appelle l'angoisse de la page blanche et un jour ou l'autre ça nous tombe dessus. Je sais ce dont je parle, car j'en ai été la victime plusieurs fois. Il m'arrive de m'asseoir devant mon ordinateur et de ne pas avoir la moindre idée de ce que j'ai envie de dire.

Il y a plusieurs remèdes à cet état de choses, alors ne te laisse pas aller à la panique. Ce malaise est connu des écrivains du monde entier; il suffit d'utiliser quelques trucs pour se guérir.

La première chose à faire c'est de *s'asseoir à sa table*. Si tu te promènes en disant :

« Oh! je n'ai pas envie d'écrire aujourd'hui; je vais attendre d'avoir quelque chose à raconter», ton histoire ne s'écrira jamais.

J'ai lu des douzaines d'articles où des écrivains connus et même célèbres précisent que la chose la plus difficile à faire quand on écrit c'est de s'asseoir et de commencer. Et quand on sait qu'on est en panne, c'est encore plus affreux.

J'ai même été jusqu'à laver le plancher de la cuisine juste pour éviter de confronter mon ordinateur; si tu faisais partie de ma famille tu saurais à quel point je déteste cette tâche. En fait, mon fils est rentré de l'école un jour par la porte de la cuisine et il s'est écrié :

— Oh! Maman doit être encore en panne avec une histoire : le plancher de la cuisine est propre!

Lorsque la dernière chose au monde que tu as envie de faire c'est de t'asseoir à ta table — une peur viscérale t'en empêche — il n'y a qu'un seul recours : *la discipline*. Ce mot est mille fois plus important pour les écrivains et les écrivaines que le mot *talent*. Tu peux être l'écrivain le plus talentueux du monde mais, sans discipline, tu n'arriveras jamais à mener à bon port un projet d'écriture.

Par contre, tu peux bien croire que tu n'as pas de talent pour l'écriture mais en t'astreignant à une discipline tu découvriras peut-être que tu peux produire de très bons textes. Une fois assis devant ta table, que fais-tu? Encore une session de remue-méninges? Si ça se passait comme ceci? Et s'il arrivait cela?

Une terrible dispute vient d'éclater entre Luc et sa mère. Elle lui a ordonné de ramener le chien à l'animalerie. Dans ton for intérieur, tu voudrais bien que Luc puisse le garder, mais comment vas-tu t'y prendre pour qu'il réussisse?

Prends note de la moindre idée qui surgit dans ta tête qui pourrait fournir une solution. Le geste même d'écrire va générer d'autres idées.

Un autre moyen de faire c'est de balader ton personnage principal. Fais-le agir même si les gestes qu'il pose n'ont pas de rapport avec ton histoire. En rédigeant l'histoire de Dame Jeanne Grey, je me suis trouvée en panne dès le début. J'avais terminé le premier chapitre, transporté Jeanne et sa famille à Londres et je me préparais à raconter le couronnement du jeune roi Édouard. C'est là que je suis restée bloquée.

Comment allais-je faire pour les amener au couronnement? Que devraient-ils faire ensuite? Je me suis assise à ma table. Sur ma feuille de papier blanc on ne pouvait lire que ces seuls mots : CHAPITRE DEUX. J'ai commencé à me ronger les ongles : cela ne donnait aucun résultat et cela n'arrangeait pas mes ongles.

Alors, j'ai mis en scène la servante de Jeanne sans avoir la moindre idée préconçue sur ce qu'elle pourrait bien faire. Soudain, j'ai pensé vêtements. Bien sûr! Jeanne et sa sœur Catherine devaient préparer leurs toilettes pour le couronnement.

La servante apporta aussitôt un coffre, l'ouvrit et en retira les deux plus belles robes de Jeanne et de Catherine, vêtements qu'elles n'avaient pas portés depuis une année. Il était évident que la robe de Jeanne serait trop petite pour elle et ça créerait un problème; en plus Jeanne allait se sentir déprimée parce que sa jeune sœur, beaucoup plus jolie qu'elle, serait mille fois plus à l'aise qu'elle à la cour... et ainsi de suite.

J'ai fini par raccourcir et modifier ce que j'avais écrit — les idées m'arrivaient en vrac — mais l'exercice avait permis à mon petit moteur créateur de se remettre à fonctionner et voilà que je me remettais à écrire.

Voici un autre moyen de se débloquer : si je suis véritablement en panne sèche, je vais réécrire ce que j'ai déjà écrit. Ce n'est pas du temps perdu puisque je devrai le réécrire de toute façon. Le simple fait d'écrire et de concentrer son attention sur son histoire permet de franchir le point mort. Je constate souvent que lorsque j'arrive à l'endroit où j'étais tombée en panne avant, j'ai déjà le vent dans les voiles.

Je vais t'avouer un secret : j'avais terminé le manuscrit de ce livre quand l'éditeur m'a téléphoné pour me dire qu'il voulait un autre chapitre — un chapitre sur ce qu'on fait quand on est en panne. Ma première réaction fut :

— Oh! non, je refuse de raconter aux gens ce qu'ils doivent faire quand ils sont en panne. J'ai déjà passablement d'ennuis avec ça moi-même sans tenter de conseiller les autres.

— Essaie, m'a dit l'éditeur. Vois ce que tu peux faire.

Alors, j'ai suivi mes propres conseils et je me suis assise devant ma machine à écrire. (Ceci se passait avant mon passage à l'ordinateur). Devine ce qui s'est passé? *Je suis tombée en panne!*

Je me suis levée, je me suis promenée dans la pièce. J'ai regardé dehors, j'ai discuté le coup avec ma chatte qui, n'étant pas elle-même écrivaine, ne semblait pas très compatissante.

Puis, j'ai fait appel à ma mémoire et j'ai tenté de me souvenir de toutes les fois où j'étais restée bloquée. Je suis retournée à mon fauteuil et j'ai pris note de ce que j'avais fait pour me dépanner. Enfin, j'ai relu mon manuscrit pour revenir vers ma machine à écrire et essayer de taper quelques mots. À ma grande surprise, voilà jusqu'où ça m'a menée!

Petits trucs

1. Continue à rédiger. Si tu bloques, essaie quelques-uns des trucs dans ce chapitre ou inventes-en toi-même.

2. Encore en panne? Essaie de converser avec l'un de tes personnages. Fais-lui cette demande :

   — Y a-t-il quelque chose que tu veux me dire?

   Tu peux même changer de chaise en te mettant dans la peau du personnage pour voir ce qui surgit dans ta tête.

3. Si tu es bloqué parce que tu ton «éditeur interne» te met en arrêt, dis-lui de se taire. (On reconnaît l'éditeur interne à sa façon de te souffler : «je ne peux pas faire ça» ou «cette phrase est moche». Calme-le en lui racontant le merveilleux dialogue que tu viens d'écrire pour le personnage époustouflant que tu viens d'inventer.)

Où sont les freins sur cet engin?

Il y a des fois où s'arrêter est aussi difficile que commencer, sinon pire. La fin de mon livre sur Dame Jeanne Grey semblait assez évidente, car le récit accomplissait un cercle parfait pour retourner à son point de départ. Pourtant, le chemin à parcourir se révélait plus difficile que prévu.

Tandis que je devais rédiger les derniers paragraphes, ma fille demandait chaque jour en rentrant de l'école :

— As-tu fini, maman?

Je répondais :

— Non, pas encore. C'est plus long que je ne croyais.

— Sais-tu pourquoi tu n'y arrives pas? m'a-t-elle dit, un jour. Tu ne te résignes tout simplement pas à quitter Jeanne.

Elle avait raison. La fin d'une histoire peut être triste ou heureuse mais elle doit être plausible et donner satisfaction aux lecteurs. Tu veux que les lecteurs adorent lire ton histoire, soient triste de la terminer et qu'ils aient le sentiment que ça finit juste comme il le faut. Tu dois t'assurer que le personnage principal a trouvé une solution à ses problèmes (et ne laisse personne d'autre que lui ou elle les régler à sa place) qu'il ou elle ait trouvé des solutions logiques et que rien ne soit laissé en suspens.

Au terme d'une bonne histoire, ton personnage principal doit avoir évolué d'une certaine façon. Il n'est plus tel qu'il était au tout début : il a grandi ou appris quelque chose, ou bien il a accompli un geste qui va marquer sa vie. Le héros devra avoir participé activement à l'action plutôt que de se tenir en retrait et d'observer les autres agir.

×	Peut-être que le garçon avec le chien dépensera toutes les économies qu'il amassait en vue de s'acheter une bicyclette pour payer l'école de dressage de son chien.

×	Si tu permets à ta meilleure amie de s'expliquer — en lui faisant confiance — tu découvriras la vérité et votre dispute prendra fin.

×	Quand ton héros finira par dénicher le petit monstre, il aura appris une leçon sur la responsabilité. (Il aura aussi appris comment sortir un chat furieux d'un bol de toilette).

×	Tu as une idée épatante pour terminer ton histoire de gomme à effacer au bout du crayon. L'héroïne — toi ou quelqu'un d'autre — se rappelle tout à coup d'une émission à la télé ou d'une démonstration de premiers soins à laquelle elle a assisté à l'école. Elle se jette avec force sur le dossier d'une chaise, l'estomac en avant et la gomme à effacer est éjectée. À vrai dire, cette histoire commence à ressembler à une véritable comédie!

✗ Ton héroïne a réussi à sauver sa peau et, en prime, elle a appris le danger qu'on court à grignoter des crayons surtout des crayons avec une gomme au bout. (En effectuant la recherche pour cette histoire, tu ferais mieux de te renseigner auprès de quelqu'un qui pourra te dire si cette aventure est possible ou non. Si ça ne se peut pas, ce sera cette idée-là qui aboutira dans la corbeille à déchets.)

Après avoir bâti un suspense tout au long d'un récit, il est amusant de déboucher sur une fin-surprise. Reprenons l'histoire du bruit dans la cuisine. Tu as décidé que ton personnage principal est un garçon du nom de Thomas et tu vas écrire l'histoire à la première personne. Il fait déjà nuit et Thomas est seul dans la maison. Il ne se souvient plus s'il a fermé la porte ni même s'il l'a fermée à clé. Il y a eu plusieurs vols dans les environs.

On entend un second bruit dans la cuisine! Est-ce que Thomas court? Essaie-t-il d'atteindre le téléphone et d'appeler la police? Rassemble-t-il tout son courage pour aller voir? Disons que oui :

J'ai pris une profonde respiration. «Voyons, Thomas, ne sois pas si peureux!» me dis-je tout en essayant de persuader mes genoux de cesser de trembler. J'ai pris une autre grosse respiration et j'ai ouvert la porte de la cuisine.

La première chose que j'ai vu c'était une pile d'assiettes cassées sur le plancher. Puis, j'ai vu un raton laveur perché sur le comptoir de la cuisine, la tête dans le sac de nourriture pour chats. Le chat était à ses côtés, faisant sa toilette.

La porte était bel et bien ouverte et Cloé avait un invité pour souper.

N'oublions pas ton professeur, coincé entre ces murs qui s'écroulent tout autour de lui. Il va sans dire que tu le rescapes — au risque de ta vie. Et, bien sûr, aussitôt qu'il est assez en forme pour revenir en classe, il s'attend à ce que tu lui remettes l'histoire que tu avais à rédiger.

Et que devient le garçon qui a rêvé que sa maison brûlait? Le soir d'après, il s'éveille en sursaut pour se rendre compte que sa maison est véritablement en feu! Et disons qu'il réussit à sortir mais il se souvient de sa chienne qui dort dans la cuisine; alors il s'apprête à retourner à l'intérieur quand il se souvient de son rêve. (Et, bien sûr, la chienne sort toute seule de la maison et est sauvée).

Et l'histoire avec la sonnette qui sonne?

Eh! bien, elle a sonné et resonné mais tu es si

occupée à faire quelque chose d'important que tu ne peux te libérer pour aller répondre. D'ailleurs, personne n'y va, alors exaspérée, tu te décides.

C'est le facteur et il apporte une lettre recommandée qui contient un chèque pour toi : la lettre qui l'accompagne provient d'une revue qui t'annonce qu'elle publiera sous peu ta première histoire!

Petits trucs

1. Écris la fin de ton histoire. Écris-la plusieurs fois jusqu'à ce que tu aies le sentiment qu'elle correspond tout à fait à ce que tu avais envie de faire.

2. Si tu entends une petit voix dans ta tête qui dit : «Juste ça?», réfléchis une minute pour décider si ce n'est pas ton éditeur interne qui te joue des tours et ensuite, essaie d'identifier ce qui cloche. Le problème que ton héros doit affronter n'est pas résolu? La fin apporte-t-elle une véritable conclusion à l'histoire? Y a-t-il des questions qui restent sans réponse? Commence par répondre à ces questions puis, retourne à l'étape 1 et retravaille la fin.

Dans la jungle des titres

Malheureusement, les livres et les histoires ont besoin d'être coiffés d'un titre. Inventer un titre est une tâche ardue et même parfois impossible. Quand j'entreprends une nouvelle histoire je sais rarement comment je l'intitulerai. Mais, comme j'aime que les choses soient en ordre et bien présentées, il me plaît de voir un titre sur la première page de mon manuscrit. Alors, j'en invente un que j'écris : je l'appelle mon «titre de travail». Au fur et à mesure que mon histoire avance, il se transforme plusieurs fois.

Le problème avec les titres c'est qu'ils doivent assumer plusieurs fonctions. D'abord, ils doivent annoncer aux gens de quoi traite le livre ou l'histoire ou tout au moins leur donner un petit indice. Mais ils ne doivent surtout pas être ennuyeux.

Ils doivent être attirants ou pleins d'humour. Ils ne doivent être ni éculés, ni imbéciles, ni trop attendrissants. Il doivent aussi plaire à l'auteur. Par contre, un titre peut être très signifiant pour l'auteur et n'avoir aucun attrait pour quelqu'un d'autre. Aussi sache que je ne suis pas différente de tous ces écrivains qui retardent le choix de leurs titres jusqu'au dernier moment. J'ai eu moins de mal à trouver des prénoms pour mes enfants!

Pour mon histoire du chien à trois pattes, je n'ai pas réussi à trouver un titre sauf à la toute dernière minute. Après le concours, quand le propriétaire du chien l'a vu trônant avec fierté à la place du champion et entouré d'une foule debout qui l'acclame, il a réalisé que son chien était devenu un vrai champion malgré tout, *Un champion différent*, voilà tout.

J'ai invité Cécile Gagnon, auteure et aussi la traductrice de cet ouvrage à te raconter ses propres expériences quant à ses choix de titres pour ses histoires. Voici ce qu'elle en dit :

«Le titre provisoire de l'une de mes histoires s'appelait *Le ponchon*. Elle racontait comment les gens des îles de la Madeleine se sont retrouvés coupés du monde lorsque le câble télégraphique qui les reliait au continent s'est cassé. (Ceci est basé sur un fait réel). Les habitants des îles décident d'envoyer un tonneau gréé d'une voile sur la mer : le tonneau contient des lettres qui avertiront les autorités de leur mésaventure. François, un garçon de neuf ans, envoie par le même moyen une lettre à sa mère hospitalisée à Québec : une façon pour le moins originale de transmettre le courrier. Quand j'ai cherché un titre pour coiffer le manuscrit avant de l'envoyer à l'éditeur, j'ai choisi *Le courrier des îles*.

Au moment de la publication, l'éditeur m'a proposé un autre titre : *Une lettre dans la tempête* que j'ai aussitôt accepté. On y sent un élément dramatique et «une lettre» semble moins abstrait pour un jeune lecteur que «le courrier».

Une autre fois, j'ai écrit un roman qui parlait de vol de bicyclettes et dont l'un des héros était un chien qui adorait la pizza. J'ai travaillé sans titre véritable jusqu'à la fin. Puis, j'ai fait une liste de titres qui n'en finissait plus. Ceux que je préférais étaient : *Pour l'amour d'une pizza, Deux fouineurs au dépanneur, Guimauve, fin museau* (Guimauve, c'est le nom du chien) et *Une pizza pour Guimauve.* Mais je n'étais pas satisfaite. J'avais envie de garder le mot pizza dans le titre parce que je me disais que les jeunes en raffolent et que cette référence leur plairait.

La bonne idée m'est venue du directeur de la collection. Il m'a dit :

— Pourquoi ne pas prendre un titre du genre film de cow-boy qui identifie les participants de l'histoire?

Et c'est ainsi que mon roman s'est appelé : *Un chien, un vélo et des pizzas* (pour parodier le film : *Le bon, la brute et le truand*).

Des complications peuvent aussi surgir quand on choisit un titre. L'un de mes livres allait sortir des presses quand, en fouillant dans une bibliothèque je suis tombée sur un livre qui portait le même titre que le mien *La maison-champignon* publié par une autre maison d'édition : J'ai paniqué et j'ai appelé l'autre éditeur pour l'avertir que je sortais un livre qui portait le même titre. Il m'a convaincu malgré ma mauvaise humeur que je ne me rendais pas service : les titres identiques allaient prêter à confusion. Ceux qui demanderaient mon livre à la librairie ou à la bibliothèque , allaient peut-être recevoir l'autre à la place. Alors, au dernier instant, je me suis inspirée de l'image de la couverture qui représentait un épouvantail qui découpe une porte dans un champignon gros comme une maison. Le livre a reçu le titre de *L'épouvantail et le champignon.* (J'avoue que l'autre était beaucoup mieux, mais premier arrivé, premier servi.)

Il y a d'autres moyens de rendre un titre intéressant; en faire une question, par exemple. Je l'ai fait pour *Pourquoi les moutons frisent,* ce qui laisse supposer que je vais donner la réponse dans l'histoire. J'ai dû m'acquitter de cette tache honorablement parce qu'un lecteur m'a écrit pour me dire qu'il était enchanté d'avoir appris en lisant mon histoire (totalement fantaisiste) comment les moutons frisent!

On peut aussi personnaliser le titre comme si on installait le lecteur à la place du héros. C'est ce que j'ai fait pour : *J'ai faim!, J'ai chaud!* et *Moi, j'ai rendez-vous avec Daphné.* On peut aussi rendre le titre intrigant en lui gardant un petit côté énigmatique qui ne dit pas tout. Je l'ai fait en choisissant *Doux avec des étoiles;* le lecteur doit bien se demander ce que peut bien être cette chose, ou cet être doux avec des étoiles. Il découvrira à la lecture que ce n'est qu'un vieux morceau de tissu délavé. Un autre de mes titres qu'on peut qualifier de très provocateur est *Maman à vendre*. Il s'agit effectivement d'un enfant qui en a assez des réprimandes de sa mère et qui la vend pour 25 cents; mais le soir, l'enfant a le cœur gros et quand l'acheteur insatisfait rapporte son achat et demande à être remboursé, l'enfant le fait de bon cœur en constatant que sa mère lui manque atrocement.

Je cherche parfois dans l'annuaire du téléphone ou dans les journaux, des noms pour mes personnages; mais il m'est arrivé de trouver le titre d'une histoire en consultant une carte géographique! En effet, il s'agit de l'histoire d'une rivière qui est lasse de couler toujours au même endroit et qui décide de sortir de son lit pour aller à l'aventure. «Comment appeler cette rivière vagabonde?» me demandais-je. J'ai pris la carte géographique du Québec et je me suis mise à examiner les lacs et les rivières et à noter leurs noms. J'ai été séduite par la Mariakèche et c'est ainsi que s'appelle mon histoire.

Il y a des trucs qui peuvent servir pour trouver un titre : on peut utiliser une allitération, c'est-à-dire utiliser deux mots commençant par le même son (et pas toujours par les mêmes lettres). *L'obsédante obèse* est un bel exemple.

Les titres précèdent ou suivent leurs auteurs pendant plusieurs années; j'entends souvent :

—Ah! c'est vous l'auteure de *Alfred dans le métro*!

Alors aussi bien prendre le temps de trouver

un bon titre pour ton histoire : on ne sait jamais, elle fera peut-être le tour du monde!»

Petits trucs

1. Si tu n'as pas encore choisi ton titre, il serait temps de le faire. Fais la liste de tous les titres possibles. Penses-y pendant quelques jours et décide lequel va le mieux avec ton histoire.

2. Pense à ton public cible. Quel âge a-t-il? Est-il composé de garçons ou de filles? Quels mots dans l'histoire risquent de rester dans la mémoire du lecteur? Quel événement va capter l'attention du lecteur? Quel est l'élément accrocheur?

3. Essaie tes titres sur tes amis. Est-ce que celui-ci les intrigue? Ont-ils envie de lire ton histoire? S'ils ne connaissent pas le sujet, est-ce que le titre les intéresse, ou est-il trop général? (Tu dois te rappeler que les lecteurs n'ont pas la moindre idée de ton sujet encore, le titre doit donc être accrocheur sans révéler obligatoirement le contenu du récit.)

Réviser : une tâche à apprivoiser

D'habitude *ça* ~~les~~ *mes* premiers brouillons ressemblent à ~~ceci~~. Très malpropres. ~~En fait,~~ ils sont tellement malpropres que personne sauf moi ne réussirait à les lire. *en fait*

Même si j'écris aujourd'hui sur un ordinateur et que je révise à mesure, j'imprime régulièrement mes brouillons et je révise à partir de la copie imprimée. Mes brouillons sont tout aussi encombrés que lorsque j'écrivais avec un stylo ou sur une machine à écrire. C'est parfait qu'il en soit ainsi, car les premiers brouillons sont uniquement pour toi. Le seul rôle d'un brouillon c'est de te permettre de coucher ton histoire sur le papier — le début, le milieu et la fin. En commençant un livre ou une histoire, j'ai toujours l'affreux sentiment que je ne me rendrai pas jusqu'à la fin. À vrai dire, je suis paniquée. C'est seulement lorsque j'ai mis le point final que je peux enfin relaxer et émettre un soupir de soulagement. Mon histoire est inscrite en noir et blanc sur le papier! C'est un fouillis, il manque plein d'éléments et il a besoin d'être retravaillé mais au moins, mon texte est tracé sur un amas de feuilles. Le pire est fait : maintenant je peux commencer à m'amuser.

Cela peut te sembler étrange de qualifier la révision d'amusement mais réviser est, d'une certaine façon, un jeu.

Relis ton histoire avec attention et examine où elle a besoin d'être améliorée. Peut-être faut-il expliquer certains passages? Peut-être que les descriptions trop longues nuisent à la fluidité du récit? Est-ce que le dialogue sonne guindé? Le temps est venu de tout relire et de peaufiner ton histoire jusqu'à ce qu'elle soit la plus parfaite possible pour le moment.

As-tu déjà pensé à la signification du mot révision? Littéralement cela veut dire re-vision, c'est-à-dire voir à nouveau. C'est exactement ce que tu vas faire : revoir attentivement ton histoire une seconde fois et décider des modifications à y apporter puisque tu n'as plus à te soucier de savoir comment l'histoire va finir ou si tu vas réussir à l'écrire. Il ne te reste plus qu'à profiter du côté agréable de cette étape.

Mais ce n'est pas toujours sans difficultés. J'ai écrit mon premier livre il y a plusieurs années. J'ai envoyé le manuscrit à un éditeur et il me l'a renvoyé. Je l'ai réexpédié à nouveau et la grosse enveloppe m'est revenue encore une fois. J'ai décidé que je devrais peut-être relire mon œuvre : cela faisait plus d'un an que je l'avais écrite.

Je l'ai donc relue. À ma grande horreur, j'ai constaté qu'elle n'était pas si géniale que je l'avais cru. Alors, je me suis assise à ma table et je l'ai réécrite. (Je parle ici d'un roman qui est un travail de longue haleine). Enfin, convaincue que mon texte était, cette fois, assez bon pour être publié, je l'ai renvoyé à l'éditeur. Il m'est revenu une troisième fois.

Pour couper court à ces réminiscences douloureuses, je résume en vous précisant que j'ai envoyé ce manuscrit à des éditeurs six fois au cours des années qui ont suivi et six fois il a été refusé. Je l'ai réécrit entièrement trois fois et j'ai retravaillé certains passages d'innombrables fois. J'étais plutôt découragée surtout que j'avais eu le temps d'écrire quatre autres romans durant cette période et que, eux aussi, m'avaient été refusés et retournés!

À la fin, je l'ai renvoyé une dernière fois. Lorsque le facteur est apparu avec cette grosse enveloppe brune que je connaissais si bien, je n'avais même pas envie de la regarder. Je l'ai abandonnée sur la table de l'entrée toute la journée tout en ruminant la pitié que j'éprouvais pour moi-même. Puis, à la fin de l'après-midi, j'ai fini par ouvrir l'enveloppe : c'était bien mon manuscrit mais il était accompagné d'une lettre de l'éditeur qui disait: «votre texte est presque assez bon pour être publié : il faudrait le retravailler encore un peu».

RETRAVAILLER?

Pendant trois pages bien serrées, il me faisait des suggestions. Ma première réaction a été de penser que si je devais retoucher ce manuscrit de malheur, j'allais tomber malade. Ma seconde réaction a été de constater que si un éditeur prenait la peine et le temps de me faire part de ses suggestions, ce serait idiot de ma part de refuser d'entreprendre une ultime tentative. Puis, j'ai réfléchi aux suggestions qu'il me proposait et je me suis aperçue qu'en dépit de ma déception mon enthousiasme renaissait. Soudain, je trépignais d'impatience.

Ce soir-là nous avons soupé très tard.

— Vous écrivez joliment à propos des animaux. Pourquoi ne pas en mettre plus? avait-il dit.

Le grand-père de Marc, mon héros avait un très beau chien de chasse. Et si Marc arrivait avec un chat?

— Ajoutez des détails sur l'école de Marc, avait suggéré l'éditeur.

Je ne savais pas encore très bien comment contourner ce problème : j'ai donc emmené Marc jusqu'à la porte de l'école et j'ai décidé de voir ce qui allait se passer. Alors, deux garçons sont arrivés (l'un d'eux s'appelait Grande-Perche parce qu'il était tout petit) et ils sont devenus les grands copains de Marc et aussi des personnages de premier plan.

Pourquoi n'avais-je pas pensé à les faire intervenir avant? À la fin, le manuscrit réécrit me semblait bien meilleur; je l'ai expédié à l'éditeur qui accepta de le publier.

✳ ✳ ✳

Ton outil le plus précieux pour la révision est ton ordinateur. Parfois, après avoir terminé un chapitre ou quelques pages, je me rends compte que certains paragraphes ou phrases devraient être déplacés. Peut-être que mon dernier paragraphe devrait se lire au début ou bien un certain détail aurait plus d'effet si je le mettais plus loin. Lorsque j'écrivais avec une machine à écrire, je découpais les parties que je voulais déplacer et je les agrafais à la place où je les voulais. Cette méthode peut être utilisée mais, si on écrit avec un ordinateur, changer des paragraphes de place se fait aisément. Il suffit de sélectionner la partie à déplacer et de se servir des commandes *couper* et *coller*. Chaque ordinateur est différent mais tous ont une façon d'effectuer ces déplacements de texte.

Couper et *coller* sont des outils très efficaces. Quand j'ai écrit *Châteaux de sable*, je me souviens d'avoir passé des heures à taper à la machine la version finale. À la fin, je me suis aperçu que j'avais oublié de changer le nom de l'héroïne. Quand j'ai commencé l'histoire, elle s'appelait Sophie mais j'avais décidé en cours de route qu'elle s'appellerait plutôt Marjolaine. J'ai donc dû relire tout le manuscrit et changer le prénom partout, ce qui signifie que j'ai été obligée de tout retaper. Cela m'a pris deux semaines de plus. Avec un ordinateur, si tu te rends compte qu'il y a un mot à changer, tu n'as qu'à utiliser la commande *rechercher* et *remplacer*. Même si les ordinateurs ne sont pas tous pareils, ils ont tous cette commande qui est très utile lorsqu'on fait une faute d'orthographe dans un nom ou si on veut changer un mot.

On peut se servir de la commande *rechercher* pour se situer dans le texte. Disons que tu as écrit une histoire en dix chapitres et tu as révisé les trois premiers. Quand tu reprends le travail, tu veux reprendre la révision à partir du chapitre quatre. Alors, demande de *rechercher* le «chapitre quatre» ce qui t'évitera de faire défiler tout le texte sur l'écran.

Si tu t'aperçois pendant que tu écris qu'un certain mot revient trop souvent, avec la commande *rechercher* tu vas tout de suite savoir combien de fois tu l'as utilisé. À moins de l'avoir fait dans un but précis, la répétition d'un même mot peut devenir très ennuyeux. Consulte ton dictionnaire des synonymes et trouve le moyen d'alléger ta prose et de bannir les répétitions.

Mais fais attention. Tu peux trouver un mot sensationnel dans le dictionnaire et avoir envie de le mettre dans ton histoire; mais avant de le faire, lis le passage à haute voix pour être sûr qu'il convient au style de ton texte.

J'adore la commande *effacer*. Elle me donne un sentiment de puissance. Lorsque j'ai des difficultés avec un passage, je le réécris deux ou trois fois de suite. Quand j'ai décidé quelle version je préfère, je sélectionne les autres et appuie sur la commande *effacer*. Elles s'envolent dans le néant.

Au fil de l'écriture, parfois, des idées géniales ou des descriptions habiles surgissent que tu ne peux utiliser dans l'histoire. C'est une illusion de penser que ta mémoire va les enregistrer; alors, plutôt que de les perdre, ouvre un nouveau dossier et range les dedans. Ou écris-les dans un cahier à part.

Si tu écris avec un ordinateur, un seul mot d'ordre : ENREGISTRER. Enregistre ton travail souvent, en écrivant, et fais-le systématiquement à la fin de la journée. Je fais une copie sur disquette de tout ce que j'écris et à la fin de chaque séance de travail j'enregistre tout sur mon disque dur et sur une disquette séparée.

✳ ✳ ✳

Quand tu as fini ta deuxième version (ou la troisième ou quatrième) et que tu as le sentiment d'avoir révisé le texte au mieux de tes capacités, il te reste à faire le ménage. Pour ce, il te faut une grammaire, un dictionnaire et un dictionnaire des synonymes. Tu dois vérifier l'épellation des mots et surveiller la ponctuation en t'assurant que chaque virgule est à la bonne place. Pour ce qui est de la grammaire, fais comme si tu visais la plus haute note pour un test de français.

Si tu te sers d'un ordinateur, utilise la commande *vérifier l'orthographe* mais attention la machine ne sait pas tout! Elle ne peut pas, par exemple, différencier «c'est» de «sait». Tu peux avoir commis cette erreur mais la machine ne s'occupe que de l'orthographe du mot et elle ne signalera pas ta faute. Après avoir eu recours à la vérification de l'ordinateur, relis ton texte pour être sûr que tout est parfait. Si l'orthographe te donne des cauchemars, trouve quelqu'un qui s'y connaît et demande, supplie, implore son aide. (Tu pourrais faire un échange de services si tu as du génie pour les titres ou les personnages.)

Au cours de la révision, il se peut que tu veuilles utiliser des signes de correction d'épreuves.

Ces signes t'aident à indiquer les endroits où les changements doivent être faits sans raturer ni surcharger le texte. Voici les signes les plus courants et leur signification.

Phrase	Signe	Signification
Simon ouvre porte la.	∩	transposer
Simon ouvre la porte.	ℓ	enlever
Simon ouvrela porte.	#	espacer
Simon ouve la porte .	∧	insérer
Simon ouvre La porte.	/ or *lc*	lettres en bas de casse
simon ouvre la porte.	≡	majuscule
Simon ouvre la porte.	∩	rapprocher
Simon ouvre la porte	⊙	ajouter un point
Simon ouvre la porte. Je m'en vais, dit André.	¶	faire un nouvel alinéa

Lire à haute voix est une bonne façon de voir si ton texte est lisible. Je lisais toujours à haute voix mes histoires à mes enfants. Ils me donnaient leur avis sur ce qui allait bien et sur ce qui n'allait pas. C'était fort utile. Mais maintenant qu'ils sont des adultes et qu'ils ont quitté la maison je les attrape encore quelquefois pour leur lire des passages. En désespoir de cause, je lis mes textes à ma chienne : j'avoue que ses réactions sont pauvres mais je déniche plein de petites erreurs juste en m'écoutant moi-même.

Si tu peux trouver un ou deux amis en qui tu as confiance, lis leur ton histoire. Encore mieux, réunis un comité d'écriture avec des personnes qui aiment aussi écrire. J'ai trois amis que je rencontre une fois par mois : nous nous lisons mutuellement nos travaux en cours et nous nous donnons des conseils constructifs. Lire son propre texte à haute voix fait peur, même si ceux qui écoutent sont tes meilleurs amis. C'est comme leur dévoiler ses pensées les plus intimes — et s'ils n'aiment pas ça? Pire encore, s'ils se mettent à rire? Il est évident que de lire ses propres histoires à haute voix donne des frissons au début, mais si tu t'armes de courage, ça vaut vraiment la peine. En plus d'obtenir l'avis d'autres personnes, tu vas entendre ton histoire et trouver toi-même les erreurs qui t'avaient échappé. Tu perds le souffle avant d'arriver à la fin d'une phrase? Une virgule ou un point sont sans doute requis. Ce dialogue a-t-il du sens? En le lisant à voix haute, remarques-tu des tournures compliquées? Te semble-t-il ampoulé? Tes amis sont-ils pris par le déroulement de l'histoire ou se tortillent-ils d'ennui sur leur chaise? Le conflit central a peut-être besoin d'être repensé.

Si tu fais partie d'un groupe d'écriture, n'oublie pas d'aider les autres auteurs autant que toi. Avant de faire un commentaire sur leur texte, commence par dire ce qui te plaît dans l'histoire. Dis leur pourquoi ça marche.

Par exemple :

— J'aime ta façon de décrire Francine au moment où elle se perd dans le bois. Tu as bien montré ce qu'elle ressent et combien elle a peur.

Si tu as une critique à faire, assure toi qu'elle est constructive. Dire seulement : «je n'aime pas ça » n'aide personne.

Tu pourrais dire :

— Je ne suis pas d'accord avec la façon dont Francine parle à sa mère quand elle revient à la maison. J'aurais pensé qu'elle serait si contente d'être là qu'elle ne penserait plus à sa colère contre sa mère. N'est-ce pas qu'elle pleurerait un peu?

C'est ce genre de critique qui peut t'aider, et c'est ainsi que tu peux aider tes amis qui ont assez d'audace pour te lire leurs ouvres. Ils sont ûrement aussi terrorisés que toi!

Enfin, voici le moment venu de transcrire la copie finale. Toute l'énergie que tu as mise à travailler ton texte mérite bien une présentation impeccable. Que tu te serves soit d'une machine à écrire, d'un ordinateur ou d'un stylo, la copie finale devrait être en tous points irréprochable : le titre, la pagination et ton nom devraient apparaître au bon endroit et les pages ne devraient comporter ni ratures ni taches.

Petits trucs

1. Joue avec ton texte. Ajoute un élément. Enlève un épisode ennuyeux qui ralentit l'action.

2. Lis-le à haute voix à un ami ou à ton groupe d'écriture.

3. Révise et polis ton texte, surveille l'orthographe et la grammaire.

4. Écris, tape ou imprime la copie finale la plus parfaite possible.

Ça y est ! Tu as passé à travers. Regarde ce manuscrit devant toi et avoue que tu te sens fier de ton travail. Ça n'a pas été facile, mais rien qui ne vaut la peine d'être accompli ne l'est. Et puis, ce n'était pas si épouvantable que ça, n'est-ce pas?

Conseils utiles

Crée un titre percutant ou une page couverture

Une fois ton histoire terminée, tu peux faire la page couverture ou la page titre. Si tu as un programme de présentation graphique sur ton ordinateur, amuse toi avec différents caractères et joue avec leur taille et leur disposition pour créer le titre et ton nom. Si tu n'as pas accès à un ordinateur, tu peux faire la page de titre en te procurant des feuilles de Letraset dans un magasin de fournitures d'artistes. Voici quelques trucs :

↘ Planifie ta page en décidant de l'importance à donner au titre et à ton nom. Décide de l'effet à donner : un effet humoristique, dramatique ou autre.

↘ Choisis les caractères que tu veux utiliser. Pour avoir une référence, consulte les livres de ta bibliothèque de classe, de celle de l'école en recherchant les livres qui ont un thème qui s'approche du tien. Repère les caractères utilisés et la mise en page et essaie de les adapter à tes besoins.

↘ Tu peux faire une bordure autour de la page

pour mettre le titre en évidence. Sélectionne celle qui colle le mieux à l'atmosphère de ton récit et rappelle-toi que les bordures les plus simples sont souvent plus efficaces que celles chargées de fioritures.

Pour être publié

As-tu pensé que ton histoire pourrait être publiée? Les maisons d'édition reconnues qui publient des textes écrits par des jeunes sont rares. Mais tu peux participer à un concours pour jeunes auteurs. Les caisses populaires lancent peut-être un de ces concours dans ta région. Renseigne-toi auprès des responsables de ta bibliothèque.

Deux maisons d'édition proposent à tous les deux ans un concours qui s'adressent aux jeunes. Écris-leur pour recevoir le règlement.

Concours Libellule
Éditions Héritage
300, avenue Arran
Saint-Lambert
(Québec) J4H 1K5

Concours de nouvelles Faubourg Saint-Rock
Éditions Pierre Tisseyre
5757 , rue Cypihot
Saint-Laurent
(Québec) H4S 1R3

N'oublie pas qu'on peut aussi être publié dans une revue plutôt que dans un livre. Pense à la revue *Les Débrouillards*, par exemple.

Bonne chance!

Table des matières